ESSAIS

DE

GRAMMAIRE

CONTENUS

EN TROIS LETTRES

D'UN ACADÉMICIEN *

A

UN AUTRE ACADÉMICIEN.

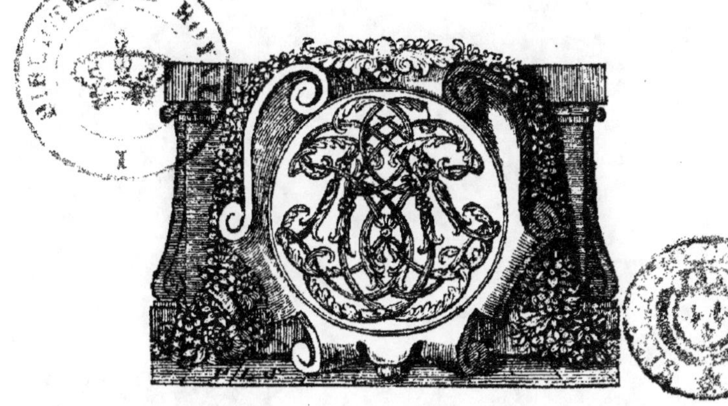

A PARIS,

Chez JEAN BAPTISTE COIGNARD, Imprimeur & Libraire
ordinaire du Roy, & de l'Académie Françoise, ruë Saint
Jacques, prés S. Severin, au Livre d'Or.

M. DC. XCIV.

AVEC PRIVILEGE DE SA MAJESTE'.

PREMIERE LETTRE
D'UN ACADÉMICIEN

A

UN AUTRE ACADÉMICIEN

SUR LE SUJET DES VOYELLES.

Vous voulez, Monſieur, que j'ecrive ce
que je dis l'autre jour à l'Académie, je
le veus bien pour l'amour de vous, quelque raiſon que je pûſſe avoir de ne le pas faire.

Preſentement que notre Dictionaire eſt ache-
vé, nous alons travailler à une Gramaire Franſoiſe.

La premiere Partie de la Gramaire eſt le
traité des Lettres.

Pour bien comprendre la nature des Lettres,
remarqués s'il vous plaît, que par le mot de
Lettres nous entendons deux choſes fort diferentes, qu'il eſt tres important de diſtinguer.

Par le mot de *Lettres* on entend quelquefois
le ſon, quelqu fois le caractere qui ſert à marquer ce ſon. C'eſt dans le premier ſens qu'on
dit *une Lettre ſiflante, une Lettre liquide, une
Lettre rude à prononcer;* dans le ſecond ſens, on
dit *une grande Lettre, une petite Lettre, une Let-*

A

tre majufcule ou capitale, une Lettre Franfoife, une Lettre bâtarde.

Examinons d'abord les Lettres dans le premiers fens, c'eft-à-dire, comme fons, & enfuite nous examinerons les caraĉteres dont on fe fert pour marquer ces fons : mais je vous prie aïez grand foin de ne pas confondre l'une de ces fignifications avec l'autre, & fouvenez-vous bien que dans ce que je vas vous dire, c'eft des fons que j'entens parler & non des caraĉteres.

Sans examiner ce qui eft arrivé dans les Langues mortes, ni ce qui arrive prefentement dans les Langues Etrangeres, examinons les fons par raport à la Langue Franfoife telle que nous la parlons aujourd'hui, & comenfons par examiner de combien de fons fimples elle fe fert : quand nous conoîtrons les fons fimples, il nous fera aifé de conoître les fons compofés.

Les fons fimples font ou voyelles ou confones. Les voyelles font des fons fimples qui pour être prononcés n'ont pas befoin du fecours des autres, par exemple, *a, e, o,* &c. mais la confone ne peut être prononcée qu'avec une voyelle, vous ne fcauriés prononcer un *b* tout feul, il faut que vous le joigniés avec un *a,* un *o,* &c. & alors vous dites *ba, bo,* &c.

De ces fons fimples qu'on apelle voyelles, la Langue Franfoife en prononce 13. toutes bien

diſtinctes l'une de l'autre, ſouvenés-vous je
vous prie que je n'examine point ſi dans les autres Langues il y en a ou plus ou moins, c'eſt
par raport à notre Langue que j'examine les
ſons, ſouvenez-vous auſſi que ce n'eſt pas des
caracteres que je parle : car à examiner ceux
qu'on apelle voyelles dans notre Alfabet Franſois, je n'en trouverai que 5. ou peut-être 6.

Les 13. voyelles dont ſe ſert notre Langue
Franſoiſe, ſont

a, tel qu'on le prononce dans la premiere
ſilabe de *paroître*.

Avant que d'aler plus loin, prenez garde encore s'il vous plaît que dans l'examen de la nature des voyelles, je n'examine ni le ton (cela
pouroit apartenir à la Muſique (ni la durée de
la voyelle qui fait que les unes ſont longues,
les autres breves : car cela nous donneroit un
plus grand nombre de voyelles & feroit un
a bref, tel qu'il eſt dans la premiere ſilabe de
paroître , & un *a* long tel qu'il eſt dans la premiere ſilabe de *pâle*. Je n'examine ici que les ſons
en eux-mêmes ſans aucune des circonſtances
qui peuvent les varier ou pour le ton, ou pour
la durée. Je dis donc qu'il y a 13. voyelles.

a, tel qu'il ſe prononce dans la premiere ſilabe de *paroître*.

é, tel qu'il ſe prononce dans la derniere ſilabe de *bonté*.

i, dans la premiere filabe de *lire*.

o, dans la premiere filabe de *colere*.

u, dans la premiere filabe de *pureté*.

Jufqu'ici je croi que je ne trouverai point de contradictions : il y en aura peut-être pour ce qui fuit.

ou, dans la premiere filabe de *bouton*.

eu, dans la derniere de *boutefeu*.

Ceux qui ne fe fouviendront pas que c'eft des fons uniquement que je parle ici, ne manqueront pas de me dire que *eu* & *ou*, font des diftongues, puis qu'on les écrit avec deux lettres : mais je les prie d'examiner la prononciation, & non l'écriture, ils verront que ces fons de *ou* & de *eu*, font tres-fimples & qu'on ne peut pas les divifer, que dans *ou*, le fon de *o*, ne fe fait pas entendre ni le fon de *u*, mais un fon tout-à-fait diferent de l'un & de l'autre. J'en dis autant du fon de *eu*, dans lequel on n'entend ni *e*, ni *u*, mais quelque chofe de tout diferent.

Outre le fon fimple que nous avons dit qui fe fait entendre dans la derniere filabe de *bonté*, il y en a un autre qui en eft fort diferent, quoi qu'il s'écrive ordinairement avec le même caractere de *e*, ce fon fe fait entendre dans la derniere filabe du mot *amer*, & il eft fi diferent de l'autre *e*, qu'on ne fauroit les faire rimer fans ofencer les oreilles delicates, c'eft ce qu'on apelle quelquefois des rimes Normandes, comme *aimer* avec *amer*. On peut nommer le premier de ces *e* qui se fait entendre dans la premiere silabe de *bonté* un *e fermé*, & celui qui se fait entendre dans la seconde silabe du mot *amer*, un *e ouvert*. Il y a un autre son qui s'exprime aussi ordinairement par un *e*, & qui ne ressemble point aux deux autres, c'est notre *e feminin* qui se fait entendre dans la derniere silabe de *dure*.

Ces 3. *e* se trouvent dans le mot *netteté*, la premiere silabe a un *e ouvert*, la seconde un *e feminin*, la troisiéme un *e fermé*, ils sont tout de même dans le mot *fermeté*.

Jusqu'ici voici 9. voyelles, dont beaucoup de gens conviendront, & l'auteur de la Gramaire generale & raisonnée pretend aussi bien que moi que ce sont 9. voyelles toutes diferentes l'une de l'autre, mais voici quelque chose de plus nouveau où j'ai besoin de votre atention.

Le son qui s'exprime comunement par *an* dans la premiere silabe des mots *danser*, *danger*, & par un *en* dans la premiere des mots *pendre*, *penser*, ce son est une voyelle simple, qui n'est point composée du son ordinaire de la Lettre *a*, tel qu'il est dans *paroître*, ou dans *parler*.

Tout de même le son qui est exprimé par *en* dans le mot de *lien* ; par *ein* dans *feindre* ; par *ain* dans *contraindre* ; par *in* dans la premiere silabe de *ingrat* & de *pincer*, c'est un second son que je pretends simple & voyelle, encore une fois distingués bien le son d'avec les Lettres qui l'expriment.

La premiere silabe de *monde* & la derniere de *quelqu'un* contiennent encore deux autres voyelles.

Ces 4. voyelles que j'ajoute aux 9. de la Gramaire generale & raisonnée, recevront aparament plus d'opositions que les 9. precedentes, tâchons à les defendre contre les ataques des enemis trop ardens des nouvelles decouvertes.

Mais avant toutes choses, comme j'aurai à vous parler souvent de ces 13. voyelles, & que je serai bien-aise de n'avoir pas toujours à me servir d'un long circuit de paroles pour vous faire entendre de quel son je veux parler, trouvez bon que je leur assigne à chacune un caractere dont je me servirai desormais pour me faire entendre, non pas que je pretende introduire de nouveaus caracteres dans l'usage ordinaire, cela est pluftôt à souhaiter qu'à esperer ; mais afin que je puisse être plus facilement entendu.

Je me servirai donc du caractere *a*, pour le son qui se fait entendre dans la premiere silabe du mot *paroître*.

Du caractere *e*, pour notre *e feminin* qui termine le mot *dire*.

Du caractere *é*, pour l'*e fermé* qui termine le mot *bonté*.

Du caractere *è*, pour la voyelle qui est dans la derniere silabe du mot *amer*.

Du caractere *o*, pour celle qui est dans la premiere silabe de *colere*.

Du caractere *u*, pour celle qui est dans la premiere silabe du mot *pureté*.

Des Lettres *o* & *u* jointes ensemble, pour celle qui est dans la premiere silabe du mot *bouton*.

Des Lettres *e* & *u* jointes ensemble, pour celle qui est à la fin du mot *boutefeu*.

Du caractere *ã*, pour le son simple que j'ai dit qui est dans la premiere silabe du mot *danger*, du mot *chanter*.

Du caractere *ẽ*, pour celui qui est à la fin du mot *bien*, dans la premiere silabe de *feindre*, dans la seconde de *contraindre*.

Du caractere *õ*, pour celui qui est dans la premiere silabe de *monde*.

Et du caractere *ũ*, pour celui qui termine le mot *quelcun*.

Et afin que vous les puissiez voir toutes ensemble, les voici *a*, *e*, *é*, *è*, *i*, *o*, *u*, *ou*, *eu*, *ã*, *ẽ*, *õ*, *ũ*.

Ces quatre dernieres voyelles qui s'écrivent presentement en François avec des *n*, font comme une classe à part, & je les nome *voyelles nazales*, parce que j'ai remarqué que le nez a quelque part à leur prononciation, & si vous voulez l'examiner soigneusement, vous verrez que quand vous les prononcez, il se fait quelque petit mouvement dans votre nez.

Si ceci tomboit entre les mains de gens qui vouluſſent faire des plaiſanteries, je ne doute pas qu'ils n'imitaſſent l'auteur de la Comedie du Bourgeois Gentil-homme : mais n'importe nous devons parler comme des Filoſofes & ne nous pas étonner de voir notre anatomie des Lettres traitée comme l'a été autrefois par Ariſtofane la Filoſofie de Socrate.

De mes 13. voyelles il y en a quelques-unes qu'on reconoîtra inconteſtablement pour des voyelles, mais il y en a d'autres qui recevront des dificultez : voyons ſi ces dificultez ſeront bien fondées. On ne manquera pas de me dire que *ou* & *eu*, ſont des ſons compoſez chacun de deux voyelles, ce qu'on apelle communé-ment des diftongues : mais ſi l'on veut bien examiner ce qui ſe paſſe quand on les pronon-ce, on verra que ce ſont des ſons ſimples, une diftongue n'eſt autre choſe que deux voyelles jointes enſemble dans une ſeule ſilabe, par exemple, *ui*, dans la premiere ſilabe de *puiſſance*, dans la derniere d'*aujourd'hui*, c'eſt une veritable diftongue, puiſque le ſon de l'*u*, & celui de l'*i*, s'y font entendre, au lieu que dans *ou*, on n'entend ni l'*o*, ni l'*u* : que ſi on dit que c'eſt un ſon mêlé des deux, je demande premierement à quoi on connoît qu'il eſt mêlé des deux ? y entend-on le ſon de l'*u* ? y en-
tend-

tend-on le fon de l'*o* ? Il pourra bien être que ce fon *ou* aproche plus de l'*o*, que de l'*a*, mais quoi qu'il ait plus de raport à l'*o*, qu'à l'*a*, il ne laiffe pas de faire un fon diferent & de l'*o*: l'*a* a plus de rapport à l'*e*, qu'à l'*i*, mais il ne laiffe pas d'être une voyelle diferente de l'*a*. On peut dire de l'*eu* la même chofe que nous venons de dire de l'*ou*. Et pour connoître encore plus clairement que ces fons *ou* & *eu* ne font pas compofez de l'*u*, examinons le mouvement qui fe fait dans notre bouche quand nous prononfons un *u*, dans le mot *vertus*, & voyons fi le même mouvement fe fait quand nous difons *couroux*, *heureux*.

Ce même examen du mouvement qui fe fait dans notre bouche nous pourra fervir à prouver que ce que j'apelle des voyelles nazales ne font pas des fons compofez d'une voyelle & de la confone *n*, qu'on voie fi quand je prononce *danfer*, *chanter*, *bien*, *feindre*, *pincer*, *vin*, *monde*, *quelcun*, il fe fait ce même mouvement qui fe fait quand je prononce le mot de *None*, la derniere filabe de *badiner*, ou la premiere de *negoce* & la feconde de *vinaigre*. Mais une derniere preuve & qui me femble fans reponfe, c'eft que fur toutes mes voyelles qui peuvent paffer pour nouvelles, on fait des ports de voix, on fredone : or il eft impoffible de toute impoffibilité de fredoner ni fur les deux voyelles d'une diftongue, ni fur aucune confo-ne, d'où je conclus que puifque je fredone fur la derniere filabe de *couroux*, d'*heureus*, l'*ou*, & l'*eu* ne font pas des diftongues, mais des voyelles fimples : fi vous voulez fredoner fur *ennui*, tout votre port de vois fe fera fur l'*i*, l'*u* difparoît entierement : mais dans *courous*, vous faites entendre le fon entier d'*ou*, & dans *heureus* vous faites entendre le fon entier d'*eu*.

Et pour mes voyelles nazales, j'ai dit que l'on ne pouvoit pas faire un port de voix fur une confone, qu'on fredone fur les mots de *haʒars*, de *legers*, de *foupirs*, jamais le port de voix n'apuyera que fur l'*a*, fur l'*e*, ou fur l'*i*, & on n'y entendra l'*r*, que quand le fon de la voyel-le commence à difparoître : je dis la même cho-fe des autres confones : qu'on prononce, *im-mortels*, *perils*, *griefs*, &c. le port de voix ne fe fera que fur l'*e* ou fur l'*i*, & jamais fur l'*l* ni fur *f* : mais fi vous prononcez des mots qui finif-fent par mes *ă*, *ĕ*, *ŏ*, *ŭ*, *tourmens*, *biens*, *profons*, *comuns*, vous verrez que le fon tout entier de mes voyelles nazales fe fera entendre tant que durera le port de voix.

Qu'on ne me dife pas que cette raifon prife de la Mufique ne vaut rien, quand il s'agit de la Grammaire : ce n'eft pas de la fience la plus recherchée de la Mufique que j'ai emprunté mon raifonnement. Pour connoître ce que c'eft

qu'un son simple ou une voyelle, y a-t-il rien
de plus raisonable que d'examiner ce que nous
faisons naturellement quand nous voulons faire
durer notre voix, ou rendre un son plus long.

Mais me diront Messieurs les Poëtes, cette
nouveauté que vous voulez introduire dans la
Grammaire en produira une autre dans la Poësie, & si ces voyelles nazales sont de veritables
voyelles, elles feront des bâillemens quand elles
se trouveront dans un Vers devant d'autres
voyelles, & il y aura un bâillement dans ce Vers
de Despreaux :

Et souvent de nos maux la raison est le pire.

Dans celui-ci de Racine dans son Mitridate.

Mais il faut bien enfin malgré ses dures Loix.

Dans celui-ci de Corneille dans Cinna.

Chacun en liberté peut disposer du sien.

Dans celui-ci du Misantrope de Moliere.

*Choisissés s'il vous plaît de garder l'un ou
l'autre.*

Dans celui-ci de Quinaut.

*Ah j'attendrai long-tems la nuit est loin en-
core.*

& par-là nous rendrons la Poësie plus difficile : à cela je vous répons que ce n'est pas ma faute, si l'oreille est blessée par ces rencontres de voyelles qui ne choquent pas les yeux, quand ils sont écrits avec des caractères ordinaires, mais que ma remarque pourroit rendre notre Poësie plus agreable.

Et pour montrer que ces rencontres de voyelles sont desagreables, remarquez je vous prie ce qui arive aux Comediens ou aux Chanteurs qui ont à les prononcer, vous verrez que le Musicien qui veut chanter

> *Ah j'attendrai long-tems, la nuit est loin en-*
> *core,*

fera tout ce qu'il pourra pour eviter les baille-mens, ou il prendra une prononciation Normande, & dira *la nuit est loin nancore,* ou il mettra un petit *g* aprés *loin,* & chantera *la nuit est loing encore.*

Je dis la même chose des Comediens, & j'ai remarqué qu'en recitant les endroits où il se trouve de ces baillemens, ou bien ils font s'ils peuvent une pause entre le mot qui finit par une voyelle nazale, & celui qui commence par une autre voyelle, ou bien ils font une prononciation Normande, ou ils metent le petit *g* presque imperceptible dont je vous ai parlé, ou bien ils cherchent quelqu'autre temperament : & cela ils le font sans savoir mon Sisteme, mais

13

conduits par la feule nature qui leur aprend à
eviter ces inconveniens, fans qu'ils aient etudié
comme nous la nature des fons.

Mais fi la nature fans etude a appris aux Comediens & aux Muficiens à eviter ces nouveaus
bâillemens , comment n'a-t-elle point apris aux
Poëtes à ne les pas faire ? Je répons à cela que
le Poëte compofe ordinairement la plume à la
main, & que dans le moment qu'il ecrit une *n*,
qui jufqu'ici a paffé pour confone, il ne s'ima-
gine pas qu'il puiffe faire un baillement : mais
comme tous les Poëtes ne compofent pas de la
même maniere, ils ne tomberont pas tous egal-
lement dans l'inconvenient dont nous parlons,
quoi qu'ils compofent la plume à la main , il
leur arrive fouvent de prononcer leurs Vers
avant que de les écrire, & à proportion qu'ils
ont l'oreille fenfible à ces prononciations vi-
cieufes , ils feront plus ou moins de ces fau-
tes-là.

Voilà, Monfieur , comme j'avois raifonné
l'autre jour devant vous , & fortant de l'Académie plein de cette penfée , je dis en moi-
même que fi mon raifonement étoit vrai, un Poëte Normand s'appercevroit moins qu'un autre
de ces fortes de bâillemens ; & pour voir fi j'a-
vois bien rencontré, j'envoyai chercher au Palais le Cinna de Corneille , & le Mitridate de
Racine. Je lus ces deux Tragedies , & je mar-

quai soigneusement tous les endroits où le choc
de mes voyeles nazales avec d'autres voyeles
faisoit des baillemens, j'en trouvai 26. dans
Cinna & je n'en trouvai que onze dans Mitridate, & même la pluspart de celles de Mitridate sont dans des endroits où la prononciation
separe de necessité le mot qui finit par une voyelle nazale d'avec celui qui comence par une autre voyelle. Je fus assez content de voir mon rai-
sonement confirmé par cette experience, & je
voulus encore la pousser plus loin : je jugeai
qu'en prenant une piece d'un homme qui fût
en même tems Acteur & Auteur j'y trouverois
encore moins de ces bâillemens, j'envoyai que-
rir le Misantrope de Moliere, je le lus & je n'en
trouvai que huit : & continuant toujours à rai-
sonner de la même maniere, je crus que je trouverois encore moins de ces rencontres de voyelles, si je lisois une Piece faite pour être chan-
tée, & faite par un homme qui connût ce qui
est propre à être chanté Dans ce dessein je lus
un volume des Opera de Quinaut, il conte-
noit quatre Pieces, & de ces quatre Pieces il y
en avoit une toute entiere où je ne trouvai pas
un seul de ces bâillemens, il y en avoit fort peu
dans les trois autres Pieces, encore étoient-ils
presque tous dans des endroits où le chant sus-
pend de necessité la prononciation & separe si
fort les voyelles nazales d'avec les autres, que

leur rencontre ne peut faire aucune peine à l'o-
reille.

Le choc des voyelles dont nous venons de
parler qui eſt ſi deſagreable en Poëſie qu'on ne
le peut ſoufrir, ne l'eſt pas tant en Proſe, parce
que la prononciation étant alors moins forte &
moins ſoutenuë, ce choc de voyelles n'eſt pas
ſi ſenſible. Mais s'il ſe rencontre entre deux
mots qui ſe ſuivent de près, alors notre langue
fait tout ce qu'elle peut pour l'éviter : alors elle
fait quelquefois renaître des conſones, qu'elle
avoit ſupprimées dans la prononciation, ou
elle en ſubſtituë de nouvelles qui n'y étoient
pas.

Je ſens que ce que je viens de dire a beſoin
d'explication, & pour être clair & ne rien ob-
mettre de ce qui pourra ſervir à me faire entendre, je vas m'expoſer à être plus long que je
ne voudrois : mais il ne depend pas de moi de
dire en peu de mots & clairement tant de choſes nouvelles.

Notre Langue eſt ennemie de la rudeſſe, c'eſt
pourquoi il y a beaucoup de conſones finales
qu'elle ſuprime, au moins dans la converſation : car pour le ſtile ſublime de la Chaire, du
Barreau ou de la Poëſie, c'eſt une autre afaire.
Elle ſuprime dans la converſation l'*s* des mots
nous, *vous*, *nos*, *tes*, *dans*, L'*l* du mot *il*,
l'*r* de la prepoſition *ſur*, &c. elle les ſupri-

me toujours devant une confone, on prononce *nous marchons* comme s'il y avoit *nou marchons*, *il parle* comme s'il y avoit *i parle*, &c. Elle les fuprime même en quelques ocafions devant des voyelles, dans *irons-nous à Paris*, l'*s* de *nous* ne fe prononce point non plus que l'*l* d'*il*, dans *voit-il aujourd'hui*.

Mais fi des mots qui finiffent par ces confones fuprimées, fe trouvent devant un mot avec lequel ils foient intimement unis, comme un pronom perfonel avec fon verbe ; une prepofition avec fon nom ; un adjectif avec fon fubftantif ; un adverbe avec fon verbe, alors pour eviter le bâillement, on fait revivre la confone, *nous alons, vous irez, dans Athenes*, &c. ces mots font fi intimement joints qu'ils fe prononcent fans aucun intervale entre deux, ainfi le bâillement en eft plus fenfible, & pour l'eviter il faut faire revivre la confone qui dans un un autre cas ne fe prononceroit pas.

Si les bâillemens qui arrivent par la rencontre de deux voyelles ordinaires font infupportables, croyez-vous qu'on puiffe foufrir ceux qui ariveront par la rencontre de nos voyelles nazales? Non affurement, & notre Langue a pris autant de foin de les eviter que d'eviter les autres : pour cela qu'a-t-elle fait ? Elle a pris la prononciation Normande, qui prononfant une *n* de même nature que toutes les *n* des

mots

mots ordinaires, *nourrir*, *tenir*, &c. empesche qu'il n'y ait ce bâillement. En voici la preuve : le mot *on* est un pronom personel qui qui designe une ou plusieurs persones indefiniment : si ce pronom indefini est devant un verbe qui comence par une voyelle, il ne gardera pas sa prononciation de voyelle nazale, mais il prendra l'*n* de la prononciation Normande : *on ira*, *on arive*, se prononcent comme s'il y avoit *on nira*, *on narive*. Si cet *on* precedoit un mot qui ne fût pas son verbe, il auroit sa prononciation nazale, dans *croit-on aujourd'hui*, *on* se prononce ŏ, ce qui arrive au pronom personel *on* devant son verbe, arrive encore aux pronoms possessifs, *mon*, *ton* devant des substantifs dans *mon ami*, *ton ame*, on prononce comme s'il y avoit *mon nami*, *ton name* ; à la proposition *en* devant son nom, *en amitié* ; à l'adjectif *bon* devant un substantif, *bon ami*, &c. Et je croi que cette remarque montre encore invinciblement que ces sons ă, ŏ, &c. sont de veritables voyelles, puisque pour eviter qu'elles ne rencontrent d'autres voyelles dans des mots qui se suivent de près, la nature nous porte à mettre des *n* qui servent comme de barriere pour les separer.

Cette decouverte des Lettres nazales peut encore servir à conoître pourquoi les Latins font des elisions dans les Vers, quand des mots terminés par des *m*, precedent des mots qui comencent par des voyelles, comme dans *multum ille & terris jactatus & alto* Je ne doute point qu'ils ne prononsassent tous les mots qui finissent par des *m*, tout de même que les prononcent encore aujourd'hui les Italiens, les Languedochiens : la derniere silabe de *Dominum*, comme nous prononsons la negative *non* : la derniere de *animam*, comme nous prononsons la premiere de *manger*, & ainsi du reste. Puisqu'ils faisoient l'elision, il faut juger qu'ils y étoient forcez par la rencontre de deux voyelles, & la prononciation que gardent encore les Italiens & les Languedochiens est une veritable voyelle, comme je croi l'avoir sufisamment prouvé jusqu'ici.

Après avoir établi mes 13. voyelles, il faut voir combien nous avons de consones. Ne vous épouvantez pas, Monsieur, je ne serai pas si liberal sur ce chapitre que je l'ai été sur le precedent, peut-être même que je vous en retrancherai quelques-unes de celles que votre Alfabet ordinaire vous done, & si j'en ajoute deux ou trois nouvelles, j'en retrancherai à peu près autant des vieilles.

Mais avant que de quiter la matiere des voyelles, il faut que je reponde à deux difficultés qu'on m'a faites.

Premierement, quelques-uns de ceux qui m'ont ouï dire ce que je viens d'écrire sont si bien entrés dans mon fens qu'ils concluent que je ne fuis pas encore alé affés loin , ils difent qu'il y a plus de voyelles que je n'en ai marqué , ils difent que le fon qui fe fait entendre dans la premiere filabe de *hauteur* , eft un fon diferent de tous ceux que j'ai marqué ci-deffus , que quoi qu'il aproche un peu de celui de la premiere filabe de *colere* , il en eft pourtant diferent , & que par confequent voilà une quatorziéme voyelle. Ils difent auffi que le fon de la premiere filabe d'*ingrat* , eft un peu diferente de celui qui finit la derniere filabe du mot *foutien* , & que par confequent c'eft une quinziéme voyelle. A cela je repons en avouant que cette dificulté n'eft pas fans fondement & qu'il ne feroit pas impoffible d'en trouver encor quelqu'autre : mais j'ai cru que ce feroit un peu trop rafiner que d'entrer dans ces exactes precifions , & que le fon de la premiere filabe de *hauteur* avoit affés de raport avec celui de la premiere filabe de *colere* pour n'en faire qu'un feul , je dis la même chofe de la premiere filabe d'*ingrat* , & il me femble que j'ai affés admis de nouvelles voyelles fans en recevoir davantage.

Enfuite vous voulés que je vous parle des diftongues , la diftongue felon la prononciation n'eft autre chofe que deux fons joints enfemble dans une même filabe , comme *u* & *i* dans *puif-*

fance, *i* & *é* dans *amitié*, *i* & *è* dans *entier;*
mais felon l'ecriture, ce n'eft autre chofe
que deux voyelles dans une même filabe, fe_
lon ce dernier fens *ou* dans la premiere filabe
de *bouton* fait une diftongue, *eu* dans la derniere de *boutefeu* en fait une autre. Pour moi
qui jufqu'ici n'ai confideré que le fon, je les ai
nommées voyelles, parce qu'elles ont un fon
fimple, je dirai la même chofe de l'*a* & de l'*i*
de la premiere filabe du mot *maifon*, qui font
une diftongue felon l'ecriture & qui felon la
prononciation ne font autre chofe qu'un *è* ou
e ouvert, l'*a* & l'*u* de la premiere filabe du mot
hauteur font une diftongue felon l'ecriture, &
felon la prononciation ils ne font qu'une voyelle qui eft l'*o*, ou quelque chofe de fort aprochant comme je viens de le dire, & dans le mot
de *peine*, à examiner la prononciation il n'y a
autre chofe que la voyelle que j'ai nommée *è* ou
e ouvert, au lieu qu'à regarder l'ecriture il y a
une diftongue compofée de l'*e* & de l'*i*.

Il y a une autre diftongue qui eft *oi*, comme
dans la premiere filabe de *gloire*, elle fe prononce comme s'il y avoit un *o* & un *è* ou *e ouvert*, ce
qui eft fi vrai que quand on voudra fredoner fur
exploits, le port de voix n'apuiera que fur le fon *è*.

Il y a des affemblages de voyelles qui font nom-
més ordinairement *triftongues* par ceux qui ju-
gent par les yeux, *eau* dans le mot *nouveau*, *ieu*

dans le mot *Dieu*, mais fi l'on en juge par l'o-
reille, la premiere de ces triftongues eft une
voyelle fimple puis qu'elle fe prononce abfolument comme un *o*, & la feconde eft une veritable diftongue compofée du fon *i*, & du fon *eu*,
que j'ai prouvé ci-deffus être une voyelle fimple
à ne regarder que le fon.

Il y aura encore felon moi d'autres diftongues
qui feroient à en juger par l'ecriture des filabes
compofées de la confonne *n* & de deux voyelles *i*, *e*, comme dans la derniere filabe de *foutien*, le fon d'*i* s'y fait entendre & le fon de ma
voyelle nazale *ẽ*, cela fait une veritable diftongue.

J'ajouterai à cela que ce qui pafferoit pour
un affemblage de quatre Lettres, trois voyelles
& une confone à ne regarder que l'ecriture, eft
une fimple voyelle à regarder le fon *oien*, dans
ils *diroient* ne fe prononce que comme un *è* ou
e ouvert, ce qui s'ecrit par *oi* dans j'*irois*, j'*alois*
n'eft auffi qu'un *è*, & je ne le conte que pour
une fimple voyelle parce qu'encore une fois je
ne parle ici que de la prononciation & non pas
de l'ecriture : mais c'eft affés parler des voyelles,
venons aux confones. Ce fera le fujet de la feconde Lettre que je vous ecrirai.

SECONDE LETTRE
D'UN ACADÉMICIEN
A
UN AUTRE ACADÉMICIEN
SUR LE SUJET DES CONSONES.

JE crois vous l'avoir déja dit dans ma premie-re Lettre, la Confone eft un fon fimple, qui eft diférent de la voyelle ; en ce que la voyelle fe peut prononcer toute feule, fans le fecours d'un autre fon, foit voyelle, foit confone : au lieu que la confone ne fe peut prononcer fans le fecours d'une voyelle : B ne fe peut prononcer fans le fecours d'un A, d'un E, d'un O, &c.

On pourroit même dire que la voyelle feule merite le nom de fon, & que la confone eft une determination de ce fon-là ; mais peut-être que cela feroit plus mal-aifé à entendre : c'eft-pourquoi je me contente de la premiere defi-nition.

Quand les Gramairiens Hebreux ont voulu faire connoître la nature des confones, ils les ont divifées en *Labiales*, *Dentales*, *Gutturales*, &c. aïant égard aux parties de la bouche qui fervent à les prononcer : cette divifion me pa-

A

roît aſſez raiſonnable ; mais je ne ſuis pas tout-
à-fait de leur avis ſur le partage qu'ils en ont fait.
Voici comme je les arange. Il y a 5. conſones
qu'on apellera ſi l'on veut *Labiales*, & effecti-
vement les levres ont la meilleure part à leur
prononciation, ſavoir

$$\frac{B \mid P}{V \mid F} \quad M$$

Je mets d'abord le B tel qu'on le prononce
dans la premiere ſilabe de *badiner*, & vis-à-vis
je mets le P tel qu'on le prononce dans la premiere ſilabe de *paroître :* on pourroit dire que
c'eſt la même lettre : elles ſe prononcent toutes deux, en frapant de la levre d'enbas contre
la levre d'enhaut ; & la diférence qu'il y a, eſt
que le P eſt en quelque faſſon plus fort que le
B ; ou ſi l'on veut, (mais ceci eſt un peu plus
delicat,) le B eſt precedé par une petite emiſſion
de voix qui ſe fait entendre aſſez diſtinctement
à ceux qui y prenent bien garde ; au lieu que le
P n'eſt precedé de rien ; nous reviendrons à cette
diférence quand nous aurons parlé de quelques
autres conſones.
    L'V qui eſt l'*u conſone* tel qu'on le prononce
dans la premiere ſilabe de *Vanité*, & l'F telle
qu'elle ſe fait entendre dans la premiere ſilabe
de *Faveur*, ſe prononcent en joignant les le-

vres auffi-bien que le B & le P. Mais avec cette diférence qu'il faut aprocher la levre d'enbas des dents d'enhaut, l'V a le même raport à l'F, que le B a au P. & l'V a le même raport au B, que l'F a au P, de forte qu'elles fe changent auffi l'une en l'autre : les Gafcons en fourniffent beaucoup d'exemples, *Bous* pour *Vous*, *Voire* pour *Boire*, &c. dans un moment je vous parlerai de l'M, que j'ai mis hors d'œuvre à côté de ces quatre labiales.

Il y a cinq confones que je nomerai *Linguales*, les voici :

$$\begin{array}{c|c} D & T \\ \hline G & K \end{array} \quad N$$

Le D commence la premiere filabe de *Dire*, T la premiere filabe de *Tenebres*, G eft nôtre g dur, tel qu'il fe prononce dans *Garantir*, dans *Guerre*, dans *Guirlande*, dans *Goret*, &c. le K eft pour le fon de *Kalendes*, pour celui de la premiere filabe de *Colere* ou de *Quenouille*, car nous examinons les fons & non pas les caracteres qui les defignent.

Ces quatre confones ont le même raport entr'elles qu'ont les quatre lettres labiales ; D a le même raport à T que B a à P, ou que V a à F ; j'en dis autant de G à K ; & le même raport que V a avec B, G l'a avec D, fous lequel je l'ai placé.

A ij

Si tout ceci vous paroît obſcur , atendez je vous prie un moment , les exemples que je mettrai dans la ſuite pourront vous le rendre plus ſenſible.

Pour prononcer un D ou un T, il faut que le bout de la langue frape contre la partie du palais qui aproche des dents d'enhaut : pour prononcer un G ou un K, il faut que cette même langue frape avec ſa pointe , la partie de la machoire d'enbas qui aproche des dents d'enbas, & que le milieu de la langue ſe releve vers le palais. Pour cette ſeconde prononciation, il faut plus de flexibilité dans la langue que pour la premiere ; parce qu'il faut que pour fraper cette partie baſſe de la bouche , elle ſe recourbe un peu , au lieu que pour fraper la partie d'enhaut , on n'a qu'à la porter toute droite ; cela fait que ceux qui n'ont pas dans la langue la flexibilité qui lui eſt ordinaire & qui lui eſt neceſſaire pour prononcer le G ou le K, prononcent le D ou le T : & il y a pluſieurs perſones à qui cela arrive auſſi-bien qu'à la Graſſaieuſe de la Comedie , dont nous alons parler ; au lieu qu'on ne trouve perſone qui ſoit obligé à prononcer un G ou un K pour un D & un T.

J'ai mis l'N vis-à-vis de ces quatre lettres tout de même que j'ai mis l'M vis à vis des autres ; je vous en dirai tout à l'heure la raiſon.

Voici quatre confones fiflantes que j'arange comme les autres.

$$\begin{array}{c|c} Z & S \\ \hline J & Ch \end{array}$$

Le fon du Z fe fait entendre dans la premiere filabe de *Zele*; celui de S dans la premiere de *Sobrieté*. Celui de J qui eft ce qu'on apele quelquefois J *confone*, fe fait entendre dans la premiere des mots *Jalous*, *Joli*, *jurer*, & c'eft le même qu'on exprime auffi par le caractere G mis devant un E ou un I, comme dans *Girouëte*, *Genereus* : car à regarder le fon, qui eft ce que nous examinons ici, les premieres confones des mots *Jalous*, *Joli*, *jurer*, fe prononcent tout de même, que les premieres de *Genereus* & de *Girouëte*. Le fon que j'ai exprimé ici par Ch. & qui fe fait entendre dans le commencement des mots *Chariot*, *Cherté*, *Chicane*, *Choque*, eft un fon auffi fimple que les autres, & une veritable confone fimple, quoi-qu'en Franfois on l'écrive avec deux caracteres.

Ces quatre confones fiflantes ont les mêmes raports entre elles, que les quatre labiales & les quatre linguales : le Z fe change en S & le J en Ch, tout comme le B en P, & le D en T ; & le J fe change en Z, comme le V en B : le Ch fe change en S comme le K en T,

La langue pour prononcer le J & le Ch, fait à peu près le même mouvement que pour prononcer le Z & le S : toute la diférence est que pour prononcer le Z & le S, la langue frape contre les dents d'enhaut ; & que pour l'J & le Ch , elle se recourbe en dessous , pour fraper le bas du dedans de la bouche. De sorte que ceux qui n'ont pas dans la langue la flexibilité qui lui est ordinaire, ne peuvent prononcer le J & le Ch, & à leurs places ils prononcent le Z & le S, tout de même que nous venons de dire, que ne pouvant prononcer le G & le K, ils avoient naturellement recours au D & au T.

Je me suis servi de quelques pieces de téatre pour prouver ce que j'ai dit des voyelles : voici une autre piece de téatre qui me servira pour ce que je viens de dire du changement d'une consone en l'autre : c'est l'après soupé des Auberges , où l'auteur introduit une Grassayeuse, elle change tous les G en D, tous les K en T, tous les J en Z , tous les Ch en S : elle dira *Dalant* pour *Galant*, *Tour* pour *Cour*, *Zoli* pour *Joli*, *Soux* pour *Choux*.

Ce que nous venons de remarquer de la flexibilité de la langue necessaire pour prononcer le G & le K, & le J & le Ch; peut faire entendre pourquoi le G s'est si aisément changé en J dans plusieurs mots qui viennent du Latin ou du Grec, γένος, *genus*, *genre* ; cela peut aussi servir à comprendre pourquoi les Italiens pour lire un G & un C, se servent des prononciations de J & de Ch ; mais comme il faut de la flexibilité, pour donner assez de force à leur langue , ils ont eu recours à l'apui du D pour le J, & du T pour le Ch, & ont lu *Genero*, comme s'il y avoit *Djenero*, *cercar* comme s'il y avoit *Tchercar*.

Jusqu'ici je vous ai parlé de douze consones, & si vous y prenez garde, je les ai rangées sur deux colones en cette maniere :

B	P
V	F
D	T
G	K
Z	S
J	Ch

La premiere colone est des lettres qu'on peut nommer foibles, & l'autre de celles qu'on peut nommer fortes ; la premiere est de celles qui sont precedées par une petite emission de voix, & l'autre est de celles qui n'en ont point ; si ce que je dis est vrai, il doit arriver que les lettres de la premiere colone se faisant avec emission de voix , ne pourront jamais terminer un mot dans la prononciation ; & que si elles le terminent dans l'écriture & qu'on veuille faire effort pour les prononcer, il faudra de neceſſité la ſoutenir par la prononciation, tout au moins d'un petit *e feminin*. Prononcez le mot *froid*, & vous verrez que vous y mettrez un T, prononcez *joug*, & vous y mettrez un K ; ce qui eſt ſi vrai que ceux qui veulent rimer aux oreilles, ne font nulle dificulté de faire rimer *ſang* avec *banc*, *joug* avec *Bouc*, *froid* avec *droit* : que ſi dans quelque mot propre il y a pour finale un B ou un D comme dans *Aminadab* ou *David*, on prononcera naturellement *Davit*, *Aminadap*, & ſi l'on veut s'eforcer à prononcer le D & le B, on prononcera neceſſairement un petit *e feminin*, pour doner lieu à la pleine prononciation du B & du D, qui comme j'ai dit, ne peuvent être finales.

C'eſt par cette même raiſon que de *Captivus* on n'a pû faire *Captiv*, mais *Captif* ; de *Brevis* on n'a pas fait *Brev*, mais *Bref* ; & l'V naturel à ces mots n'y revient que lorſqu'il y a une voyele qui le ſuit comme dans *Breve*, *Captivité*.

Les ſix lettres de la premiere colone étant de même force, & les ſix de la ſeconde colone auſſi de même force, quand on aura à prononcer deux de ces conſones l'une auprès de l'autre, ſans diſtance, & qu'il y en aura une foible & l'autre forte, celle qui ſera la derniere emportera la premiere. Quand on a voulu faire en Latin le

ſupin

ſupin de *ſcribo*, il a fallu de neceſſité le finir
par la ſilabe *tum*, le T qui y eſt, eſt une lettre
forte : qu'en arrive-t-il ? ce que j'ai preveu qui
devoit arriver : cette conſone forte a fortifié
le B qui la precede, & en a fait un P, *ſcriptum*,
& tout de même au preterit *ſcripſi*, & non pas
ſcribtum & *ſcribſi*, qu'on ne pourroit pas prononcer, à moins qu'on ne fourrât un petit *E*
feminin après le B pour le ſeparer du T ou de
l'S, qui ſont des lettres fortes.

Tout de même quand on a voulu faire le
ſupin de *Rego*, le T du *tum* a changé le G, &
le fortifiant en a fait un K, & on a dit *rectum*,
& au preterit *Rexi* qu'on prononce comme s'il
y avoit *Rekſi*; où vous voyez que le T du ſupin
& l'S du preterit ont fortifié le G qui les precede,
& en ont fait un K, qui n'eſt autre choſe à parler
proprement qu'un G fort, tout de même que
le P eſt un B fort, l'F un V fort, le T un D fort,
l'S, un Z fort, & le Ch un J fort ; par là combien de regles du Deſpautere vont diſparoî-
tre ; ce qu'on a pris juſqu'ici pour des irrégula-
ritez ſont des régularitez parfaites, & un G qui
devient K, un B qui devient P , ne change
point de nature, il a la prononciation qu'il doit
avoir, & qu'il ne peut pas s'empêcher d'avoir,
quand il eſt devant une lettre forte comme le
T & l'S.

Ecoutons je vous prie parler des Alemans qui

ne feront pas encore en état de bien remarquer toutes les delicateffes de notre prononciation, s'ils prononcent rudement, ils donent à tous momens *pon* pour *bon*, *chour* pour *jour*, *che* pour *je*, *carfon* pour *garfon*, & ainfi des autres.

Mais fi la confone forte a quelquefois fortifié la foible ; il arrive quelquefois que la foible afoiblit la forte ; quand les Parifiens prononcent les mots *Chevaux* & *Cheveux*, ils prononceroient tres-diftinctement le Ch de la premiere filabe, s'ils fe vouloient donner le tems de prononcer l'E feminin, & qu'ils prononfaffent ces mots en deux filabes, mais s'ils veulent en preffant leur prononciation manger cet E feminin, & joindre fans milieu la premiere confone avec l'V confone qui comence la feconde filabe, cette confone qui eft foible afoiblit le Ch, & devient un J & ils diront des *jveux*, des *jvaux*.

Ce partage de mes douze confones en deux colones, & l'ordre dans lequel je les ai mifes, peuvent encore rendre raifon de beaucoup de chofes qui arivent dans la Langue Franfoife & en d'autres Langues, & depuis que j'ai eu fixé mon ordre des lettres, j'ai veu par une infinité d'obfervations qu'il étoit tout-à-fait naturel ; par exemple la lettre X, qui eft une lettre double, fe refout quelquefois en G & Z comme dans *exil*, qu'on prononce comme s'il y avoit *egzil*, dans *examen* qu'on prononce comme s'il y avoit *egzamen;* ou bien elle se resout par K & S, comme dans *Alexis*, qu'on prononce comme s'il y avoit *Aleksis*, dans *Alexandre*, qu'on prononce comme s'il y avoit *Aleksandre;* où vous voyez que le G lettre foible, & de la premiere colone, se joint avec le Z qui est aussi une lettre foible, & de la premiere colone; au lieu que le K qui est une lettre forte, & de la seconde colone, se joint avec S, qui est une lettre de pareille force & de la même colone; par où on voit, combien j'ai eu raison de placer le K à côté du G, l'S à côté du Z, le Z dans la même colone que le G; l'S dans la même colone que le K. Autre Remarque. Quand les Italiens prononcent la lettre G devant un *E* ou un *I*, ils l'expriment comme s'il y avoit un D & un J consone: *geloso* se prononce comme s'il y avoit *djeloso*, *giamai* se prononce comme s'il y avoit *djamai*, d'où l'on voit qu'ils ont joint le D qui est de la premiere colone avec l'J qui est de la même colone; au lieu que quand ils lisent un C devant E ou devant I, ils le prononcent comme s'il étoit écrit par un T & par un Ch, *cercar*, comme s'il y avoit *tchercar*, *cifra* comme s'il y avoit *tchifra*, où l'on voit qu'ils joignent le T, qui est de la seconde colone avec le Ch qui est de la même colone, & que ce qu'est le D à l'égard du T, l'J l'est à l'égard du Ch; ce qui répond parfaitement à l'ordre dans lequel j'ai arangé mes consones.

Les Italiens prononcent le Z de deux fassons diferentes : dans *zelo* dans *bizarro*, ils le prononcent comme je prononcerois un D & un Z, *bidzarro*, *dzelo*. Mais dans *tenerezza pazzo* ils le prononcent comme je prononcerois un T & une S. *patso teneretsa*, où vous voyez qu'ils joignent le D & le Z qui sont de la premiere colonne, & le T & l'S qui sont de la seconde.

Consultez toutes les autres Langues, & vous y trouverez des preuves de la liaison qu'il y a entre les Consones de chaque colonne : dans ἔβδομας mot Grec, voilà le B & le D qui sont de la premiere colonne joints ensemble : dans *septimana* mot Latin, voilà le P & le T qui sont de la seconde colonne : dans ὄγδοος mot Grec, voilà le G & le D qui sont de la premiere colonne : dans *octavus* mot Latin, voilà le K & le T de la seconde colonne. Que si vous trouvés quelques mots où on écrive de suite deux Consones qui ne soient pas de même colonne, comme *observare*, *obtenir*, où le B qui est de la premiere colonne est immediatement devant l'S & le T qui sont de la seconde, ne croyés pas que cela fasse rien contre ma remarque ; on a beau y écrire un B devant l'S & le T, la bouche ne sauroit les prononcer, & on lira toujours *optenir*, *opservare* avec un P.

Revenons à l'M que j'ai laiſſée vis-à-vis des quatre conſones labiales, & à l'N, que j'ai laiſſée vis-à-vis des quatre linguales; je dis que l'M n'eſt autre choſe qu'un B paſſé par le nez, & l'N n'eſt qu'un D paſſé par le nez.

Quand vous prononcez M comme dans *malice*, vous frapez la levre d'enhaut avec celle d'enbas, tout de même que quand vous prononcez *balance*; mais il ſe fait outre cela un petit mouvement dans le nez, je dis la même choſe de l'N; pour la prononcer dans le mot *negoce*, la langue fait le même mouvement que pour faire un D dans *décrire*.

Il n'y a pas long-tems que j'entendis parler un homme qui étoit fort enrumé; le rume lui avoit tellement embaraſſé le nez, il étoit tellement enchifrené, qu'il ne pouvoit prononcer les N, je remarquai que pour dire *je ne ſaurois*, il diſoit *je de ſaurois*: auſſi-tôt je dis en moi-même que ſi j'avois bien rencontré & que l'M fût un B paſſé par le nez comme l'N, un D paſſé par le nez, la même difficulté que l'homme enrumé trouvoit à prononcer N, il la trouveroit à prononcer M, & que comme il avoit changé l'N en D, il changeroit l'M en B; & efectivement un moment après au lieu de dire, *je ne ſaurois manger de mouton*, il dit *je de ſaurois banger de bouton*.

Mais ſi vous n'étes pas encore rendu ſur ces

deux *confones nazales* , atendez un moment j'y reviendrai, & j'efpere vous en convaincre auffi-bien que de mes *voyelles nazales.*

Outre les quatorze confones que je viens de vous nommer, j'en connois deux *liquides,* dont perfonne que je croi ne doute : ce font l'L comme dans *larmes* , & l'R comme dans *Royaume ;* elles fe forment en aprochant la langue du palais, & faifant couler doucement la voix entre la langue & le palais. Il y a encore deux confones , qu'on peut apeler *mouillées ;* l'une eft le fon qui comence la feconde filabe d'*ignorant ;* l'autre celui qui comence la derniere de *bouillon ;* elles s'écrivent en Franfois chacune avec plus d'une lettre ; la premiere qu'on peut apeler l'L *mouillée* , eft écrite par deux lettres dans le mot *fille* , & par trois dans le mot *bouillon ;* de même l'*N mouillée* eft écrite par deux lettres dans *ignorance* , & par trois dans *gaigner* , fi l'on vouloit les peindre par des caracteres fimples, les Efpagnols nous fourniroient une *ñ* pour l'N mouillée , & une double ll pour L mouillée ; il ne reftera plus que le Ch, qu'on pourra exprimer par le C , & par là nous aurons des caracteres pour tous les fons fimples. Nous avons vû les 13. caracteres des voyelles , voici ceux des confones : vous pourrez y ajoûter l'h, qui fert à marquer l'afpiration dans *hazard* , dans *Rohan* , &c.

$$\begin{array}{c|c} B & P \\ \hline V & F \end{array} \quad M$$

$$\begin{array}{c|c} D & T \\ \hline G & K \end{array} \quad N$$

$$\begin{array}{c|c} Z & S \\ \hline J & C \end{array}$$

L, R, ll, ñ, H.

Je mets ces 5. dernieres hors de rang, parce qu'elles ne se divisent pas comme les autres, en foibles, en fortes & en nazales.

La connoissance de ces consones, outre qu'elle aprend des veritez, que tout le monde ne sait pas, peut encore avoir des utilitez, & peut-être que dans la suite de notre travail de la Gramaire j'aurai des occasions de rendre ces speculations utiles, en atendant que nous y travaillions tout de bon ; voici quelques découvertes, qui peuvent être de quelque usage dans la conoissance des etimologies, & de quelques parties de la Gramaire.

S'il est vrai, comme j'ai dit, que l'M est un B passé par le nez, il est sans doute qu'en passant il se sera afoibli ; ou que tout au moins sa prononciation ne sera pas si distincte qu'elle étoit. Si cela est, que doit-il arriver quand cette lettre aura à foutenir la prononciation d'une liquide comme L ou R ? alors fans doute pour reprendre de la force, ou au moins de la netteté, il faudra qu'elle reprenne fa nature de B. Voyons fi cela arrivera ; quand le mot *Tremulus* eft devenu Franſois, notre Langue a afoibli l'U de la feconde filabe, & en a fait un E feminin, & enfuite l'a ôté tout-à-fait ; alors M s'eft trouvé avoir à foutenir la liquide L, elle ne l'a pû : qu'eft-il arrivé ? elle a dépouillé fa nature de confone labiale nazale, elle eft devenuë labiale fimple, elle eft devenuë B, & on a fait *tremble.* Prenez garde, je vous prie, qu'il n'y a plus de prononciation de M veritable, ce qu'elle avoit de confone eft devenu B ; mais c'étoit une confone nazale, ce qu'elle avoit de nazal eft tombé fur la voyele, & a fait ma voyele nazale *ã.* La même chofe eft arrivée quand on a fait

de *Similis,*	*Semble.*
de *Camera,*	*Chambre.*
de *Cucumeris,*	*Concombre.*
de *Rememorari,*	*Remembrer.*
de *Simul,*	*Enſemble.*
de *Cumulus,*	*Comble.*
de *Humilis,*	*Humble.*

Ce qui eft arrivé d'M à l'égard du B, doit être arrivé à N à l'égard du D, fi j'ai bien raifonné.

fonné. Voyons, je trouve que l'on a fait par les mêmes changemens

de *Cineris*,	*Cendre.*
de *Tener*,	*Tendre.*
de *Ponere*,	*Pondre.*
de *Veneris dies*,	*Vendredi.*
de *Gener*,	*Gendre.*
de *Generare*,	*Engendrer.*
de *Minore*,	*Moindre.*

Par la mesme raison à peu prés on a changé le G en D entre une N & un R, on a fait

de *Fingere*,	*Feindre.*
de *Pingere*,	*Peindre.*
de *Jungere*,	*Joindre.*
de *Ungere*,	*Oindre*, &c.

Parce que le G est à peu près la même lettre que le D, & que la principale diference est que le G est plus dificile à prononcer, comme je viens de le dire ; ainsi aïant à le prononcer entre l'N & l'R, on a trouvé qu'il étoit plus aisé de le prononcer comme un D, & cela s'est fait naturellement, fans que ceux qui ont fait ce changement, aient fongé qu'ils en faifoient un.

Si l'M n'a pû foutenir les liquides L & R, fans

apeler à ſon ſecours un B ; croyez-vous qu'elle puiſſe ſoutenir un T ou une S. Pour le voir, prenons les mots Latins *ſumo, promo, demo, emo, eximo*, &c. il faut la ſilabe *tum*, pour former le ſupin, & la ſilabe *ſi* pour former le preterit, l'M ne les peut ſoutenir ; mais elle ne peut pas avoir recours au B, parce que comme nous avons dit ci-deſſus, le B eſt de la premiere colonne, & le T & l'S ſont de la ſeconde : au lieu du B mettez un P. Voilà ce qui arrive dans tous ces mots *ſumo, ſumpſi, ſumptum, promo, prompſi, promptum, demo, demptum, emo, emptum, eximo, exemptum.*

Si cet arangement vous plaît, je ſuis obligé pour rendre l'honeur à qui il apartient, de vous avouër qu'il y en a quelque choſe dans la Gramaire generale & raiſonée. Mais après avoir examiné leur table des conſones, je croi qu'on conviendra que la mienne eſt plus parfaite, ſans qu'il ſoit neceſſaire que je m'arête à le faire voir.

Ainſi, Monſieur, je croi vous avoir prouvé juſqu'ici que nous avons dans la Langue Franſoiſe 32. ſons ſimples, 13. Voyelles, 18. Conſones & une aſpiration. C'eſt un avantage qu'elle a au deſſus de pluſieurs autres, & peut-être cela pouroit ſervir à prouver ſon excellence ; & je me trouverois bien honoré ſi mes ſpeculations pouvoient fournir à Monſieur Charpentier notre Doyen de quoi ajoûter quelque petite chofe au favant ouvrage qu'il a fait fur cette matiere.

A PARIS,

De l'Imprimerie de JEAN BAPTISTE COIGNARD,
Imprimeur & Libraire ordinaire du Roy, & de
l'Académie Françoife, ruë S. Jacques,
au Livre d'Or.

M. DC. XCIV.

NOUVEL ALFABET FRANSOÍS
qui contient 32 lettres
Savoir 15 Voyelles. 18 Consones & 1 Aspiration

VOYELLES

A E É È I O U OU EU Ā Ē Ō Ū

CONSONES

	Foibles	Fortes	
Labiales.	B. / V.	P. / F.	M.
Linguales.	D. / G.	T. / K.	N.
Siflantes.	Z. / J.	S. / C.	

Liquides — L. / R.

Mouillées — LL. / Ñ.

Aspiration — H.

TROISIÉME LETTRE
D'UN ACADÉMICIEN

A

UN AUTRE ACADEMICIEN

Sur le sujet des Lettres regardées comme caracteres dont on se sert dans l'E-
criture pour marquer les sons.

IL me semble, Monsieur, que vous êtes assés
contant de mes deux premieres Lettres. Mes
speculations ne vous paroissent ni fausses ni
inutiles, & vous m'exortés à continuer; vous
voulez qu'après avoir parlé des sons simples,
je vous parle des Lettres considerées comme
caracteres dont on se sert dans l'Ecriture pour
exprimer ces sons simples, je le veux bien.

Si votre sistême est vrai, me dites-vous, &
que nous aïons dans la Langue Fransoise 32.
sons simples, savoir 13. voyelles, 18. consones
& une aspiration, & qu'il soit vrai d'un autre
côté que pour avoir une écriture parfaite, il
faille que chaque son simple soit exprimé par
un caractere simple qui lui soit particulier,
notre Alfabet Fransois doit paroître bien imparfait, n'aïant que 23. lettres ou caracteres,

dont deux font lettres doubles, favoir l'X qui fert pour marquer un G & un Z, comme dans *Exil*, ou un C & une S, comme dans *Alexandre*, & l'Y qui n'eft à parler proprement que deux I, comme dans *Royaume*. Je vous avouë que notre Alfabet eft bien imparfait, & cela d'autant plus que non feulement il n'a pas un caractere particulier pour chaque fon fimple ; mais qu'outre cela le même caractere fert pour marquer 2. ou 3. fons diferens, quelquefois même jufqu'à 5. ou 6 : l'S a fa prononciation naturelle dans *Salut*, dans *Perfonne*, &c. & quelquefois elle a celle d'un Z, comme dans *Profe*, dans *Raifon*. Le C fe prononce comme un K dans *Carte*, dans *Colere* ; comme un S dans *Ceremonie*, dans *Civilité* ; & étant joint avec une H, il prend encore un autre fon comme dans *Chariot*, dans *Cherir*, &c. Le G fe prononce d'une faffon dans *Garde*, dans *Gout*, & d'une autre dans *Gemir*, dans *Giron*. Le T outre fa prononciation ordinaire comme dans *Tems*, dans *Vertu*, &c. prend celle de l'S en quelques mots, comme dans *portion*, dans *pretention*. L'E fe prononce de trois faffons dans le feul mot de *Netteté*, & dans celui de *Fermeté* ; mais outre cela il fert avec l'U à faire une de mes voyelles, il en fait une autre dans *Endroit*, une autre dans *Bien*. L'A outre la prononciation qu'il a dans les premieres filabes de *Paroître* & de *Pâle*, en a plufieurs

3

diférantes, selon les lettres ausquelles il est
joint ; quand il est avec un I, il fait quelquefois le son d'é ou d'e fermé, comme dans je
pleurai, dans je *ferai*, & quelquefois celui d'è
ou d'e ouvert, comme dans *Maître*, dans
Maison ; étant joint avec un V, il fait le son
d'O, ou quelque chose de fort aprochant,
comme dans *Chevaus*, dans *Faute*. Etant joint
avec une N, comme dans la premiere silabe
de *Danser*, dans la seconde de *Disant*, il fait
un son que je pretens être simple, & une veritable voyele. Je ne parle pas de l'æ, qui n'est
plus en usage, que chez quelques fideles Parti-
sans de l'Ortografe ancienne, qui croyent qu'il
le faut garder dans les mots *Cæsar*, *Præteur*,
Prædestiné, &c. pour marquer l'etimologie.

Je n'aurois jamais fait si je vous disois toutes les
valeurs diferentes que prennent nos Letttes ordinaires selon les lieux où elles sont employées.
Autre defaut : le même son est exprimé tantôt
par une lettre, tantôt par l'autre ; le son du K est
exprimé par le Q & par le C; celui de l'S par
le même C & par le T. Ainsi l'on peut dire que
dans cette petite republique mal reglée, chaque lettre ne fait point son emploi, elle fait
la charge de deux ou trois autres, & en recom-
pense elle laisse faire sa charge à deux ou trois
autres : & tant ceux qui veulent lire que ceux
qui veulent écrire, se trouvent dans une confu-

A ij

fion étrange. Un enfant qui commence à lire
à qui on enfeigne que E & N dans les mots *En-*
vers, *Entendre*, fe doivent prononcer par *an*,
quoique cela ne lui paroiffe pas trop raifonable, cependant par autorité il s'y acoutume:
mais fon efprit ne s'eft pas plutôt foumis à cette prononciation qu'on lui fait lire le mot *Bien*,
le mot *Entretien* : alors fe fouvenant qu'on lui
a dit que E & N font *An*, il veut prononcer
Bian, *Entretian* : on ne manque pas de lui dire
qu'il ne fait ce qu'il dit, & que E & N fe prononcent *En*, il continuë à lire, & trouve les
mots *Ingredient*, *Expedient*. Il veut profiter de
la corection qu'on lui a faite, & lire *Expedient*,
Egredient, gardant le fon de l'E & non celui
de l'A, mais il s'expofe à de nouvelles repri-
mandes. Ce pauvre enfant eft bien embaraffé,
& il n'y a homme raifonable qui ne le fût fort
à fa place. D'où je conclus que tant qu'on
laiffera les chofes dans l'état où elles font, il
me femble qu'il fera plus dificile d'aprendre à
lire parfaitement que d'aprendre la Geometrie, puis que prefentement pour bien lire, il
faut favoir une infinité de chofes qui n'ont
nulle liaifon naturelle des unes avec les autres :
au lieu que pour aprendre la Geometrie, il ne
faut qu'un peu d'aplication à des conoiffan-
ces qui font des fuites neceffaires les unes des
autres. Mais, me dirés-vous, comment remedier

aux inconveniens que vous venés de nous faire voir, aurés-vous la temerité de vouloir tout renverfer, & croyés-vous que les hommes fe puiffent acoutumer à vos nouveautés, & qu'ils aient la foibleffe de fe foumettre à vos fantaifies.

Tout doucement, je vous prie, je ne pretens rien, & fi le monde fe trouve bien comme il eft, à la bonne heure : mais fi l'on trouve qu'il y ait du defordre, & que l'écriture ne réponde pas fi exactement à la prononciation qu'il feroit à fouhaiter, & qu'on me demande comment je voudrois y remedier, alors je vous dirai que l'afaire n'eft pas fi dificile qu'on pouroit fe l'imaginer, & que fans vouloir faire des caracteres nouveaux pour les nouveaux fons fimples, ou fi l'on veut pour les nouvelles lettres que je croi avoir découvertes, on peut faire une écriture qui réponde bien plus parfaitement à la prononciation que ne fait celle d'aujourd'hui : & pour cela il n'y a qu'à fuivre le nouvel Alfabet Franfois que j'ai fait graver & que j'ai joint à ma feconde Lettre.

Mais comme cela me paroît fort dificile à pratiquer, & que je fuis perfuadé qu'il faut refpecter les ufages établis, je me contenterai d'avoir montré qu'il n'eft pas abfolument impoffible de donner une écriture qui réponde plus parfaitement à la prononciation que celle dont nous nous fervons aujourd'hui : & cela fans introduire des caracteres trop nouveaux. Et pour mon ufage particulier je continuërai à me fervir de l'ortografe ordinaire, en retranchant feulement, à l'exemple de beaucoup de gens fort habiles, quelques lettres inutiles qui peuvent embaraffer ceux qui lifent ; & cela fuivant les regles que j'ai expliquées dans une Lettre que j'écrivis il y.a quelque tems, & dont je vous envoie la copie. Peut-être y auroit-il quelques autres changemens qu'il feroit à propos de faire, & qui ne feroient pas mal-aifés : mais je croi qu'il ne faut rien precipiter.

Quant à l'ufage que l'Academie peut faire de mes fpeculations, ce n'eft pas à moi à le lui prefcrire, je ne pretens pas qu'elle adopte mes découvertes : & c'eft affez pour moi de lui faire voir, que j'ai quelquefois medité fur ce qui pouvoit me donner une connoiffance plus parfaite & plus fondamentale de la Langue qui doit faire un des principaus fujets de nos Conférances Académiques. C'eft par l'ordre de la Compagnie, comme vous le favez que j'ai expliqué de vive voix mes penfées fur ce fujet : & c'eft par le même ordre que je les ai mifes par écrit, & que je les ai fait imprimer, pour avoir plus aifément l'avis des Maîtres de l'art fur une matiere qui peut avoir fes utilités parmi les Gens de Lettres.

LETTRE
SUR L'ORTOGRAFE.

VOus voulez, Monſieur, que j'ècrive quelque choſe pour juſtifier mon ortografe, & pour rendre raiſon des nouveautés qu'on dit que je veux introduire. Je vais tàcher à rèpondre à une partie des difficultés que vous m'avés propoſées, j'en viendrois bien plus aiſément à bout de vive voix que par ècrit. Ces prètenduës nouveautés vont à rendre l'ècriture plus conforme à la prononciation, & ces raports des caraɕtères avec les ſons dont il s'agit ici, ſe comprendroient bien mieux par la converſation que par la leɕture ; cependant puiſque vous en ètes d'avis, je me hazarde à ècrire.

I. Vous demandez pourquoi j'ai ôté la lettre ſ de pluſieurs mots où on a accoutumé de l'employer, je rèpons que je ne l'ai ôtée que de ceux où elle ne ſe prononce pas. Mais, dites-vous, il y a quelques-uns de ces mots où elle ſervoit à alonger la voyelle après laquelle elle ètoit, comme dans *Eveſque*, *Preſtre*, *oſter*, &c. Cela eſt vrai, c'eſt-pourquoi afin de faire connoître que ces voyelles ſont longues, j'y ai mis un accent ^, *Evêque*, *Prêtre*, *ôter*. Il y a déja beaucoup de gens qui ſont de même avis que moi, & qui

retranchent des lettres inutiles ; mais au lieu de
ne mettre des accens ^ que dans les lieux où la
longueur de la ſilabe étoit marquée par les lettres qu'ils ôtent , ils en mettent dans tous les
mots dont ils retranchent quelques lettres , & ils
écrivent *il a crû , il a prévû ; vôtre ſerviteur , nôtre
pêre* avec des accens ^, parce qu'ils ont retranché
de ces mots ou un *e* ou une *ſ*. C'eſt une faute qui
peut induire en erreur , & qui peut donner une
prononciation longue aux ſilabes qui doivent
être brèves.   Ceux qui écrivent des *ſ* dans les
lieux où on ne les prononce pas , embaraſſent
fort ceux qui liſent ; l'*ſ* ne ſe prononce pas dans
reſpondre, elle ſe prononce dans *correſpondre ;* elle
ne ſe prononce pas dans *reſpondant ,* elle ſe prononce dans *reſponſable ;* elle ne ſe prononce pas
dans *deſtruire ,* elle ſe prononce dans *deſtruction.*
Comment peut faire un étranger, un enfant, &c.
pour deviner de quelle manière il doit prononcer ? au lieu qu'il ne ſeroit pas embaraſſé ſi dans
l'écriture & dans l'impreſſion on ne mettoit
point ces *ſ* quand elles ne ſe prononcent pas , &
qu'on ſe contentât de mettre des accens ^ ſur les
voyelles quand la ſilabe d'où on a retranché l'*ſ*
eſt longue comme dans *plâtre , prêtre , ôter.*

II. À propos d'accens, vous me demandez ce
que ſignifient les accens ` & ' que je mets ſur les
e ; pour vous répondre, je vous dirai que notre
e ſe prononce de diverſes manières. Il y a un *e*

muet

muet, comme celui qui finit le mot de *porte* ; il y en a un qu'on nomme *e fermé*, comme le dernier du mot *piété* ; il y en a un qu'on nomme *e ouvert*, comme le dernier du mot *exprès*. Ce seroit une chose fort commode pour ceux qui lisent s'il y avoit un caractère pour chacun de ces trois sons, comme les Grecs ont le caractère ε pour l'*e fermé*, & l'η pour l'*e ouvert*. Pour y supléer, il y a beaucoup d'ocasions où je marque l'*e fermé* par un accent ' qu'on nomme *accent aigu*, & l'*e ouvert* par un accent ` qu'on apèle *accent grave* ; cela peut ôter quelques équivoques, & faire connoître à ceux qui lisent, de quelle manière ils doivent prononcer, & par ce moyen le mot *près* quand il est préposition, se prononcera autrement que quand il signifie la même chose que *prairie* : car en ce dernier cas il sera ècrit avec un accent ' *prés*.

III. Vous voulés savoir pourquoi je me sers des deux points sur les voyelles autrement qu'on n'a accoutumé de s'en servir, voici la regle que je suis. Lorsque dans un mot il y a deux ou trois voyelles qui se suivent immèdiatement, & qu'elles n'entrent pas toutes dans la composition de la même silabe, je mets deux points sur celle de ces voyelles qui commence une nouvelle silabe, par èxemple je les mets sur l'*u* du mot de *Saül*, quand il signifie le Roi d'Israël qui règna avant David, parce que ce nom est de deux filabes : mais je ne m'en fers pas quand j'ècris le nom de *Saul* que l'Apôtre S. Paul portoit avant fa converfion. Si j'ècris *haïr* avec deux points fur l'*i*, on verra qu'il faut faire deux filabes de ce mot ; mais fi je l'ècrivois fans ces deux points, on ne feroit qu'une filabe, & joignant l'*a* & l'*i*, on les prononceroit comme on fait dans le mot de *haire*, dans celui de *maifon*, &c. C'eft de cette manière qu'en ufent ceux qui ont fait imprimer avec foin des livres Latins, & le nouveau Brèviaire de Paris ècrit toujours *Saül*, *Ifraël* & autres mots femblables avec deux points, afin qu'en lifant ces mots on voie qu'il faut fèparer les voyelles & en faire des filabes diferentes. Avant qu'on eût introduit dans l'ècriture & dans l'impreffion les *v* confonnes diftingués des *u* voyelles, & les *j* confones diftingués des *i* voyelles, plufieurs perfonnes mettoient deux points fur ces lettres quand elles étoient voyelles, & qu'ils avoient peur qu'on ne les prononsât comme des confones ; ainfi ils ècrivoient *feüille*, *moüiller*, &c. afin qu'on ne fût pas en danger de lire *féville*, *moviller*. Mais depuis qu'on fe fert des *v* confonnes & des *j* confonnes, il n'y a plus rien à craindre, & les deux points fur les voyelles rendront la lecture plus facile, fi l'on ne s'en fert que fur les voyelles qui en fuivent d'autres, & qui commencent de nouvelles filabes.

IV. Il y a quelques mots dont j'ai retranché Y

qu'on nomme ordinairement *i Grec*, & il y en
a d'autres où je l'ai laiſſé ; vous me demandez
pourquoi, voici ma raiſon. La lettre que les
Grecs nommoient *upſilon*, & qu'ils ècrivoient
ainſi Y, avoit une prononciation qui aprochoit
fort de notre *u* Franſois ; & comme les Latins
n'avoient point de lettre qui rèpondît prèciſe-
ment à cette prononciation, ils ſe ſervoient du
caractère Grec dans les mots qu'ils avoient pris
de la Langue Grecque, comme TYPUS, MYSTE-
RIUM, &c. Et quand au lieu de caractères car-
rés, on eſt venu à ècrire le Latin en plus petits
caractères, de la lettre Y on a fait *y*; & ce caractère qui eſt proprement un *i Grec*, ne ſe devoit
employer que dans les mots que les Latins a-
voient pris de la Langue Grecque : cependant
on eſt venu à s'en ſervir dans des mots purement
Franſois, voici comme cela eſt arrivé. Quand
dans l'ècriture il ſe trouvoit deux *i* de ſuite, &
qu'ils ètoient joints par une liaiſon, comme les
ècrivains ont accoutumé de joindre la plupart
des lettres d'un même mot, il y avoit à craindre
qu'on ne les prît pour un *u*. Afin d'y remèdier
on alongea la queuë du ſecond *i*, & l'on trouve
encore beaucoup de livres Latins, ſoit manu-
ſcrits, ſoit imprimés, où les derniers *i* de *Flami-
nij*, de *Caij*, &c. ſont plus longs que les autres.
On en uſa tout de même dans les mots de la Langue Franſoiſe où l'on prononce deux *i* comme

moyen, *loyal*, & l'on alongea la queuë du dernier
de ces *i*; & comme cela faifoit une figure fort
femblable à celle du vèritable *i Grec*, on les
confondit enfemble, & l'on nomma *i Grec* ce
qui n'etoit proprement que deux *i*. Cette figure
d'*y* etant introduite avec quelque raifon dans le
milieu des mots où il y avoit deux *i*, a paffé dans
la fuite (mais fans nèceffité) à la fin des mots,
& les ècrivains qui l'ont veuë dans les mots
moyen, *loyal*, &c. l'ont mife dans *moy*, *loy*, &c.
Cet *y* introduit dans la fin des mots où il eft
inutile, puifqu'on n'y prononce qu'un feul *i*, a
paffé depuis dans des lieux où il eft non feule-
met inutile, mais même vicieux, puifqu'il in-
duit en erreur comme en ces mots *ayez*, *ayant*.
Cela a caufé de mauvaifes prononciations : au
lieu de prononcer la première filabe du mot
aïez par un *a* tout fimple, on la prononce comme s'il y avoit un *a* & un *i* joints enfemble, &
de la même manière que la prèmière filabe du
mot *aile*. On ne tomberoit pas dans ces inconvèniens fi l'on vouloit bien ècrire deux *i* dans
les mots où on les prononce, & n'en ècrire
qu'un dans ceux où on n'en prononce qu'un.
Je n'ai ofé en ufer de cette forte, de peur de paroître trop ami de la nouveauté, j'ai gardé l'*y*
dans les mots où on prononce deux *i*, je l'ai
retranché dans ceux où on n'en prononce
qu'un, même dans les mots qui viennent du

Grec. Les Latins avoient raiſon de le garder,
parce qu'ils vouloient lui donner la prononciation qu'il avoit chez les anciens Grecs qui aprochoit fort de notre *u* Franſois, & qu'ils n'avoient
point dans leur alfabet de caractère qui rèpondît à ce ſon là. Mais pour nous qui le pronon-
ſons abſolument comme un *i* Franſois, je ne
voi pas pourquoi nous ne l'exprimerons pas par
une lettre qui rèpond parfaitement à ſa prononciation. Ces raiſons qui montrent l'inutilité &
même les inconvèniens de l'*y* en certaines oca-
ſions, ont obligé quelques gens à le retrancher
tout à fait. Non contens de l'ôter de la fin des
mots de *ſoi*, *moi*, *ennui*, &c. ils l'ont ôté du
milieu des mots *moyen*, *loyal*, *pays*, &c. mais il
faloit donc y mettre deux *i* : car ſans cela on
tombera dans un autre inconvènient Si vous
ècrivés *moien* par un ſeul *i*, cet *i* ſe joindra avec
les lettres *mo*, & fera une ſilabe qui ſe prononcera comme la prèmière de *moire* ; & alors il ne
reſtera pour la ſeconde ſilabe que *en*, & l'on
dira *moi en*, ou l'*i* ſe rèſervera pour la ſeconde
ſilabe, & il n'y aura pour la prèmière que *mo*,
& on dira *mo ien*, qui eſt une prononciation
vicieuſe. Si vous ècrivés *pais* par un ſeul *i*, ou
l'on joindra l'*i* avec l'*a*, & on fera de tout le
mot une ſeule ſilabe qui ſera *pais*, ou l'on sè-
parera l'*i* de l'*a*, & alors la prèmière ſilabe ſe
prononcera *pa* comme la prèmière du mot *pa-*

role, au lieu qu'elle se doit prononcer *pai* comme la prèmière du mot *paisible* , & après cette prèmière silabe il faut qu'il reste encore un *i* pour la seconde silabe : d'où je conclus qu'il faut à ces mots ou se servir de deux *i* , ou conserver l'*y*. Il est aisé de voir que dans ces occasions l'*y* est mal nommé *i grec*, puisqu'il n'est proprement qu'un caractère simple dont on se sert à la place de deux *i* ; aussi dans l'alfabet Franſois il est mis après l'*x* , qui est un caractère simple dont on se sert à la place de deux autres lettres, savoir ou de *c* & *ſ* , comme dans *Alexandre* , ou de *g* & *z* , comme dans *exemple*. La lettre *z* qui suit l'*y* dans l'alfabet est aussi de sa nature une lettre double , comme elle ètoit parmi les Grecs, & comme elle est encore aujourd'hui parmi les Italiens ; il y a plusieurs alfabets où ces trois lettres que je prètens être des lettres doubles, sont suivies d'une quatrième qui est aussi une lettre double, savoir *&*. J'ai ètè dans quelques Provinces , où au lieu de donner à ce caractère le nom d'*i grec* , on le nomme *double i* ou *double iota* , & j'ai remarqué que dans ces Provinces-là & dans quelques autres du Royaume, il y a plusieurs personnes qui mettent toujours deux points sur l'*y*, & cela par une traditive qui a passé de main en main jusqu'à eux, sans qu'ils sachent quelle est la raison de cet usage, & sans qu'on leur ait jamais apris que l'*y* n'eſt proprement qu'un double *i*.

V. Je retranche fort ſouvent des lettres que je croi inutiles, j'ècris *acompli* par un ſeul *c*, & *apliquer* par un ſeul *p*, parce que je ne voi pas de quel uſage ſont ces conſonnes doubles. Il y a beaucoup d'autres mots où j'aurois pu en uſer de la même manière, mais je n'ai oſé faire ce que je croirois le plus parfait ; je reſpecte quelquefois les uſages anciens ſans les aprouver. Si l'on pouvoit retrancher toutes les lettres inutiles, un Livre de quatre cens pages ſeroit reduit à trois cens, & par là ſeroit moins embaraſſant & à meilleur marché, & ceux qui aprenent à lire, ſoit Franſois, ſoit Etrangers, n'y trouveroient plus tant de dificulté.

VI. J'ai retranché l'*h* de *Cronologie*, & de *Teorie*, & de quelques mots ſemblables, parce qu'elle ne fait qu'embaraſſer le lecteur ; j'ai écrit *Filipe* & *filoſofe* avec des *f*, au lieu des *ph* que les Latins y mettent. J'ai cru que les Franſois devoient laiſſer aux lettres Franſoiſes le ſon qu'elles ont naturellement ; ſi les Latins en ont uſé autrement, ils avoient leurs raiſons. Je croi que dans les mots où les Grecs ſe ſervoient du φ & & du χ, les Latins gardoient l'aſpiration naturelle à ces deux lettres Grèques, & qu'ils prononſoient les prèmiéres ſilabes de *philoſophia*, & de *character* autrement que celles de *figura* & de *caput* ; & aparemment s'ils les avoient prononcées de la même maniere, ils les auroient exprimées aussi par les mêmes lettres. Quand il leur est arrivé d'adoucir l'aspiration du φ Grec, ils ne se sont plus servis du *ph*, ils avoient pris le mot *fama* du φημή des Grecs ; mais ils l'ont ècrit par *f*, parce qu'ils prononsoient la prèmière silabe sans aspiration, & tout de même que celle de *facio*. Je pourois dire la même chose de *fabula*, *fari*, & de plusieurs autres mots qui sont ècris en Latin par des *f* & non par des *ph*, quoiqu'ils viennent de mots Grecs où il y a des φ. Tant que les Latins ont prononsé *acnus* par un *c*, ils l'ont ècrit avec un *c*; & quand ils l'ont prononsé par un *g*, ils ont ècrit *agnus*. Pourquoi ne pas imiter les Italiens & les Espagnols qui n'ont pas cru être obligés à garder l'ortografe Latine dans les mots venus du Grec ? Si on en avoit toujours usé de cette sorte, Madame de ..... n'auroit pas èté si scandalisée contre Eliogabale. O que ces Empereurs Romains ètoient cruels ! s'ècria-t-elle un jour en bonne compagnie, ils faisoient prendre des paysans & leur faisoient aracher la langue pour s'en nourir : elle venoit de voir un livre qui disoit que cet Empereur mangeoit des pâtés de langues de *phaisans*; & s'imaginant qu'un *p* se prononsoit toujours *p*, elle avoit lu *langues de paysans*, au lieu de lire *langues de faisans*.

Voilà, Monsieur, une partie de mes raisons,

fons, j'en aurois pu ajoûter beaucoup d'autres, fi je n'avois eu peur d'être trop long ; mais quand j'en aurois encore davantage, & qu'elles me paroîtroient plus invincibles qu'elles ne me paroiffent, je vous dèclare que fi je voi qu'avec le tems le public ne foit pas de mon avis, je me rangerai du côté des plus forts, & que je croirai que c'eft moi qui ai tort, fi après avoir vû mes raifons on ne laiffe pas de me condamner.

Au refte, MONSIEUR, s'il y a quelque chofe de bon dans tout ce que je viens de dire, je veux bien avouër que je n'en fuis pas le prèmier auteur. De fort habiles gens dans le fiècle paffé & dans celui-ci ont dèja penfé à peu près les mêmes chofes, & depuis plus de vint ans on a imprimé un tres-grand nombre de bons livres Franfois, dont l'ortografe reffemble en beaucoup de chofes à la mienne.

A PARIS,

De l'Imprimerie de JEAN BAPTISTE COIGNARD,
Imprimeur & Libraire ordinaire du Roy, & de
l'Académie Françoife, ruë S. Jacques,
au Livre d'Or.

M. DC. XCIV.